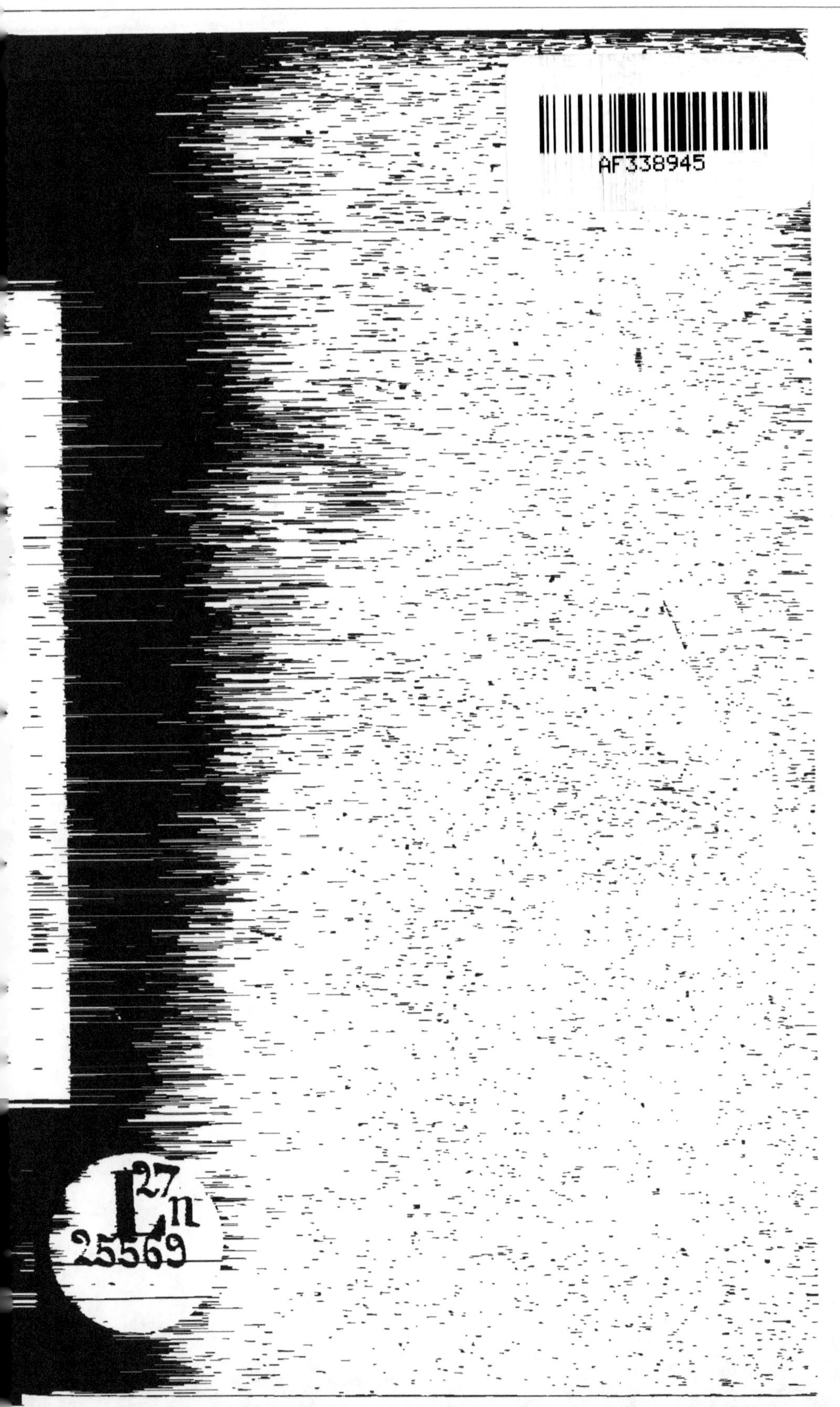
AF338945
L 27 n
25569

CAMP DE CHALONS 1869

—

NOTICE

SUR

LE CAPITAINE LACROIX

REIMS

IMPRIMERIE ET LIBRAIRIE MATOT-BRAINE

Rue du Cadran-Saint-Pierre, 6

NOTICE

sur

LE CAPITAINE LACROIX

———————

Chaque année les journaux nous signalent des faits extraordinaires occasionnés par la foudre, mais rien n'est plus étonnant que l'accident funeste arrivé au camp de Châlons le 7 mai dernier; ce malheureux événement a été l'occasion d'un rapport très-savant, très-complexe, sur l'électricité et ses effets, par Son Excellence le maréchal Vaillant à l'Académie des sciences, dans une de ses dernières séances.

Nous ne nous occuperons pas de ce rapport, attendu que les termes scientifiques sont à peu d'exception près lus et commentés par les savants eux-mêmes, et nous nous bornerons à raconter simplement la perte douloureuse que la famille du capitaine Lacroix vient de faire, et perte douloureuse à laquelle l'armée toute entière s'est empressée de s'associer.

Les journaux de Paris et de la localité ont rendu compte en mai dernier du funeste accident arrivé au camp de Châlons, accident qui causa la mort d'un brave capitaine au 11e bataillon de chasseurs à pieds; nous devons à l'obligeance du frère de cet infortuné, habitant de la ville de la ville de Reims, quelques détails qui ne seront pas lus sans intérêt.

Antoine Fabien LACROIX, issu d'une famille très-honorable et fort estimée dans le pays, naquit à Calèse, arrondissement de Gourdon, département du Lot, le 20 janvier 1822. Son père le destinait à entrer dans l'administration des ponts et chaussées, et dans cette intention, il le fit mettre au lycée de Brives-la-Gaillarde, où il reçut une instruction supérieure, qui fut couronnée des plus brillants succès. Le jeune Lacroix ne montrait aucune disposition pour la carrière que son père lui voulait voir prendre ; et dès ses plus jeunes années, sa passion pour l'état militaire se manifestait chaque jour ; ce sentiment se développait tellement dans son esprit que nous ne citerons qu'un seul exemple de sa vocation irrévocable.

Comme tous les enfants des villes et des campagnes, les jeunes gens du pays se réunissaient tous les dimanches pour jouer et s'amuser suivant leurs goûts et leur âge. Dédaignant les jeux de billes et autres, le jeune Lacroix ne rêvait que batailles, et dans son idée fixe il avait organisé avec ses camarades, dont il avait été reconnu le chef à l'unanimité, une troupe composée d'une vingtaine d'enfants, et s'occupait à faire la petite guerre (disait-il) ; les uns armés de sabres de bois, les autres de bâtons, ils manœuvraient sous ses ordres avec le plus grand zèle et l'ardeur la plus marquée, tels que l'on rencontre chez tous les enfants dont l'esprit national est dominant. Mais qui combattre? On avait beau séparer la troupe en deux camps, l'ardeur n'était pas à la hauteur de l'élan qui les animait.

Un jour, plusieurs communes des environs se réunirent et offrirent à nos enfants de combattre avec eux. Lacroix, général en chef, accepta le défi. Au jour donné, ennemis et patriotes se trouvèrent en présence, et après une lutte des plus acharnées, sans que mort s'ensuivît, bien entendu, les enfants de Calèse mirent en déroute leurs agresseurs, et Lacroix, proclamé vainqueur, fut porté triomphalement par ses petits camarades, qui se seraient tous sacrifiés pour lui.

Sorti de ses études, et la mort de son père étant survenue, rien ne s'opposa à sa volonté. Et un beau jour, malgré les prières et les instances de sa pauvre mère, qui voulait à toute force le retenir près d'elle, il alla s'engager comme volontaire dans le 17me léger (le 11 septembre 1841) ; en 1845, il passa au 3me bataillon d'infanterie légère d'Afrique. Ayant parcouru tous les grades, depuis celui de caporal jusqu'à celui de sergent-major, il fut nommé sous-lieutenant le 20 janvier 1852, époque remarquable, car elle correspondait au jour même de sa naissance, puis entra comme lieutenant au 2me bataillon de tirailleurs indigènes à Oran, fut nommé en 1859, capitaine au régiment provisoire des tirailleurs algériens, et passa en janvier 1860, capitaine au 11me bataillon de chasseurs à pied, où il était au moment où la foudre est venue briser sa carrière.

Il reçut la croix de l'ordre impérial de la Légion-d'Honneur le 25 juin 1859. Pendant 18 ans, il séjourna en Afrique, et assista à toutes les batailles et combats dont l'Algérie fut le théâtre. Rentré en France en 1859, avec le 2me régiment de tirailleurs algériens, il fut envoyé en Italie, assista à la bataille de Solférino, où il reçut un coup de feu au bras gauche, et une contusion au côté gauche du thorax, occasionnée par le même projectile. Il reçut la médaille d'Italie.

Son frère, avec lequel il était lié d'une étroite amitié, parce qu'ils étaient les deux plus jeunes de la famille, attendait son passage à Reims avec la plus vive impatience, car le 11me bataillon de chasseurs à pied faisait partie du camp de Châlons, le printemps dernier, et ce fut avec une expression de joie indicible, qu'ils se revirent après tant

d'années d'absence. Le capitaine Lacroix, heu-
reux de se retrouver en famille, près de son frère
et de ses enfants, s'engagea à venir passer quelques jours de congé près de lui, à la levée du
camp, promesse hélas ! qu'il ne devait pas tenir,
et qu'un coup fatal, qui vint changer en deuil
et en tristesse le peu d'instants de bonheur dont il
avait joui, lui et les siens, venait d'empêcher de
s'accomplir

Voici d'abord le rapport du commandant du
bataillon, M. de Paillot.

Mon Général

J'ai eu ce matin l'honneur de vous rendre
compte du triste événement que nons avons eu
à constater au 11ᵉ bataillon. M. le capitaine
Lacroix a été trouvé mort dans sa tente, foudroyé
pendant l'orage d'hier,

Voici quelques détails sur la fin de ce malheureux officier. Le 7 mai, à sept heures et demie du soir, nous étions presque tous réunis au Mess, l'orage grondait sur le camp, M. Lacroix venait de nous quitter, bientôt un coup de tonnerre se fit entendre près de nous, mais personne ne songea à un accident, car deux officiers qui rentraient à l'instant même avaient bien ressenti comme nous les effets de l'électricité, mais sans avoir eu à en souffrir.

Le matin, à quatre heures, l'ordonnance de M. Lacroix entre dans la tente de son capitaine, qui devait assister à l'appel de cinq heures et demie, il en sort aussitôt effrayé, et va rendre compte à l'officier de garde, de l'affreux spectacle qu'il venait d'avoir sous les yeux.

M. Lacroix, disait-il, était mort et étendu sur le sol.

Je fus prévenu immédiatement, et, accompagné de M. le docteur Deschuttelaez et de plusieurs officiers, je n'eus malheureusement qu'à constater ce qu'annonçait cet homme.

Le capitaine avait été en effet frappé par la foudre, les traces se voyaient au front et sur tout le côté droit. La mort avait dû être instantanée, et quant à l'heure, elle nous était indiquée par sa montre, qui, ayant aussi subi les effets de l'électricité, s'était arrêtée à sept heures cinquante-cinq minutes, juste au moment où la veille, l'orage était le plus fort, et où le tonnerre avait été entendu.

Vouz avez vu comme nous, mon Général, les effets produits par la foudre.

Il ne restait plus qu'à exécuter les prescriptions réglementaires.

Le commissaire de police de Mourmelon fut prévenu, et à huit heures, il venait constater le décès.

A neuf heures, le grand Prévot de l'armée se

présentait pour prendre des renseignements des-
tinés à établir son rapport.

J'ai dû faire prévenir le Juge de paix de
Suippes, des raisons de famille pouvant néces-
siter la mise des scellés.

Enfin, à neuf heures et demie, le corps fut
transporté à l'ambulance.

M. le capitaine Lacroix était un bon officier,
ayant de beaux états de service, de nombreuses
campagnes et des blessures. Il n'avait plus que
trois ans à faire pour avoir droit à une retraite
qu'il comptait prendre afin d'aller vivre près de
sa vieille mère.

Son existence était des plus honorables ; sa
perte est un grand deuil pour tous ceux qui l'ont
connu et principalement pour ses camarades.
Nous avions apprécié depuis longtemps les qua-
lités solides qui le distinguaient comme militaire
et comme homme, chacun l'aimait et l'estimait,
et il emporte les regrets de tous.

A la suite de ce rapport est joint le rapport médico-légal du médecin major du bataillon, M. le docteur Deschuttelaez, le procès-verbal de la gendarmerie, l'acte de décès de M. Lacroix et l'état signalétique de cet officier.

Le 9 mai eurent lieu les funérailles du capitaine, tous les officiers du camp, les généraux et un nombre considérable de militaires se firent un devoir d'y assister, et devant la tombe prête à disparaître, M. le commandant de Paillot, prononça les paroles suivantes qui résument la vie militaire de ce malheureux officier.

Messieurs

Bien des malheurs assiégent l'humanité, mais il en est qui nous laissent une impression particulièrement douloureuse.

N'en est-il pas ainsi du terrible accident qui est venu nous enlever notre bon camarade, le capitaine Lacroix.

Avant de le quitter pour toujours, permettez-moi de faire connaître aux uns, de rappeler aux autres, cette existence modeste, vraiment honnête, souvent pleine d'abnégation, que tout militaire, que tout homme peut prendre pour modèle.

Né le 20 janvier 1822 à Calèse, département du Lot, Lacroix en 1841 s'engage au 17e léger, puis, comme sous-officier passe au 3e bataillon d'Afrique où il fait les rudes expéditions de 1845 à 1851.

En 1852, il est nommé sous-lieutenant aux tirailleurs indigènes, lieutenant en 1854, et prend part en 1859 comme capitaine à la campagne d'Italie, là, il reçoit deux blessures et bientôt après la croix de la Légion d'honneur, récompense de ses dix-huit années de service et de ses quinze campagnes.

A dater de cette époque, il songe à se rapprocher de sa famille et sans renoncer à servir avec la même activité, il rentre en France prêt à marcher à la première occasion, et vient au 11e bataillon de chasseurs.

Pourquoi cette vie est-elle subitement tranchée ? Un coup de foudre est venu frapper celui que les balles ennemies avaient respecté et cela au moment même où il recevait une lettre de son frère qui l'invitait à venir à Reims, assister à une fête de famille.

Inclinons-nous, Messieurs, devant une volonté suprême, mais plaignons notre cher camarade, plaignons ses parents, ses amis et surtout sa pauvre mère, qu'une si pénible nouvelle va peut-être atteindre mortellement.

Adieu, capitaine Lacroix, vous aviez notre estime et notre amitié, vous laissez parmi nous des souvenirs qui ne s'effaceront pas. Puissent nos regrets apporter quelque consolation à celle que vous aimiez tant, et sur laquelle vous aviez concentré la plus grande partie de vos pensées et de vos affections.

M. votre frère a pu venir vous rendre les derniers devoirs. Témoin de nos sympathies, nous le prions d'être près de Madame votre mère, le meilleur interprète de nos sentiments profondément douloureux.

Adieu !

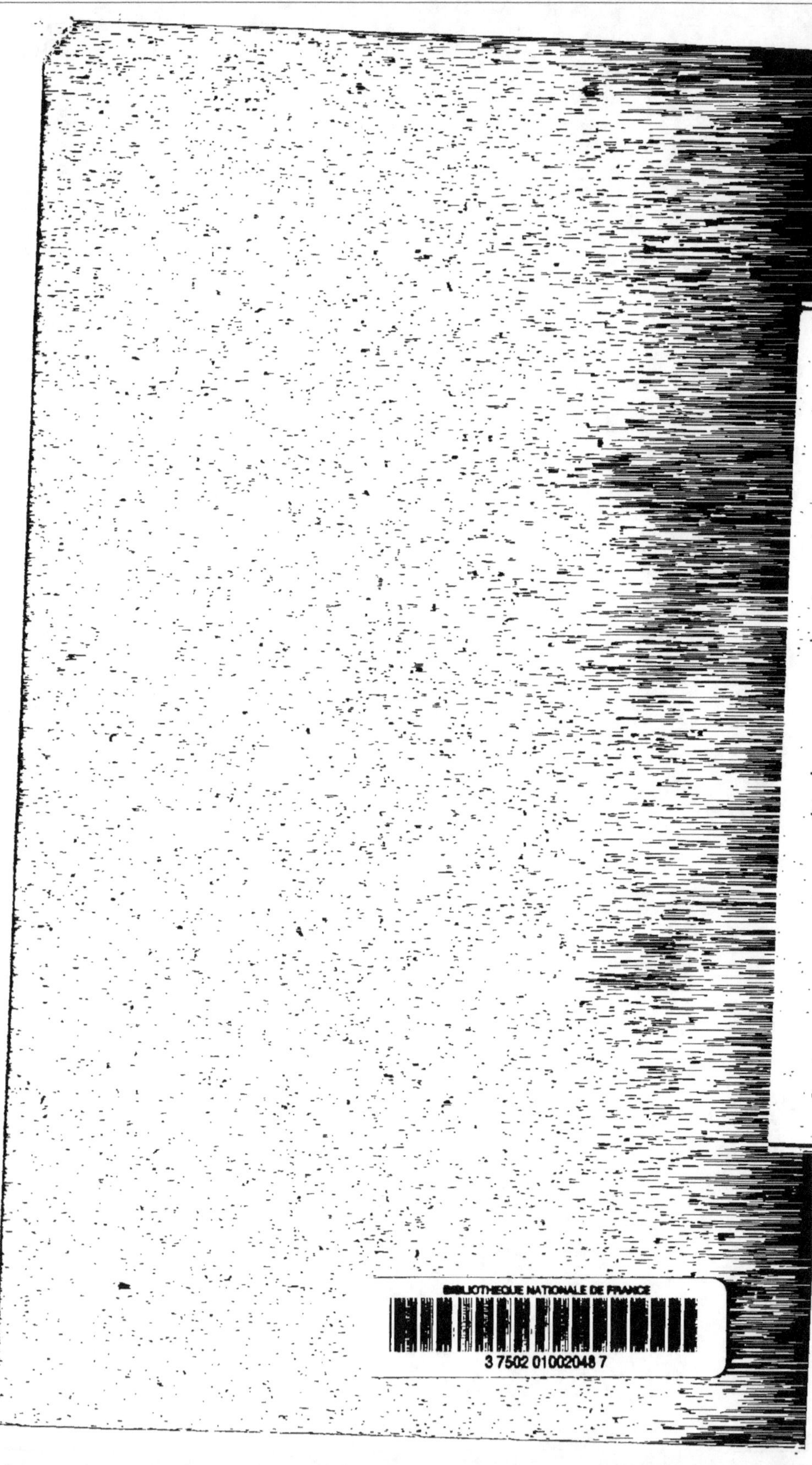

BIBLIOTHEQUE NATIONALE DE FRANCE
3 7502 01002048 7